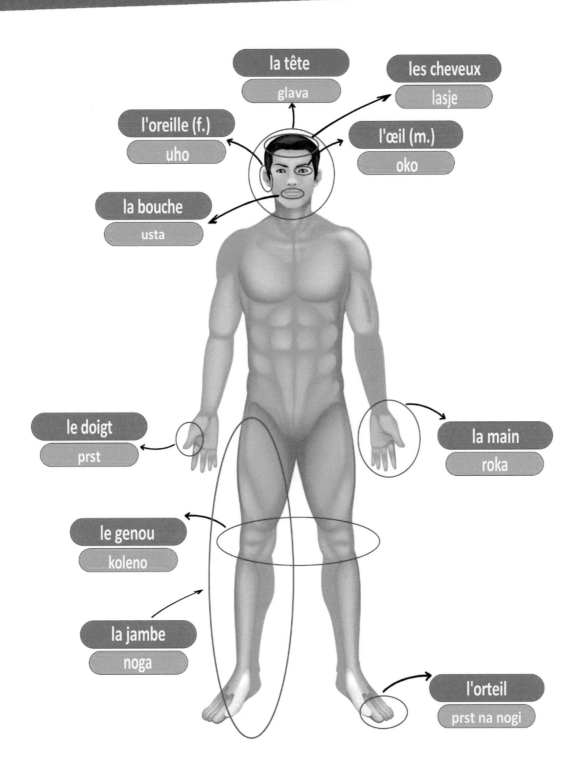

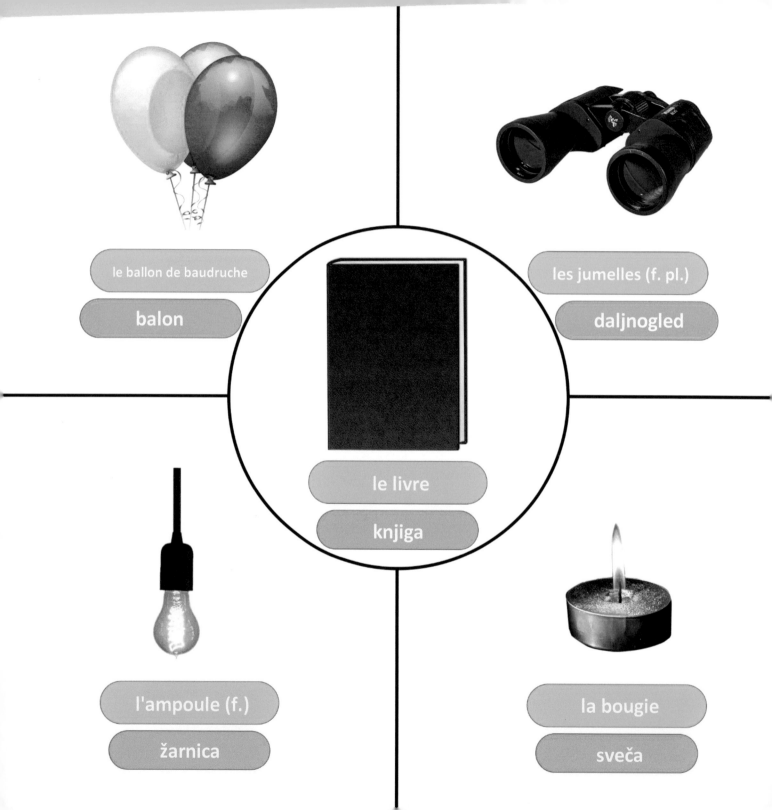

le ballon de baudruche

balon

les jumelles (f. pl.)

daljnogled

le livre

knjiga

l'ampoule (f.)

žarnica

la bougie

sveča

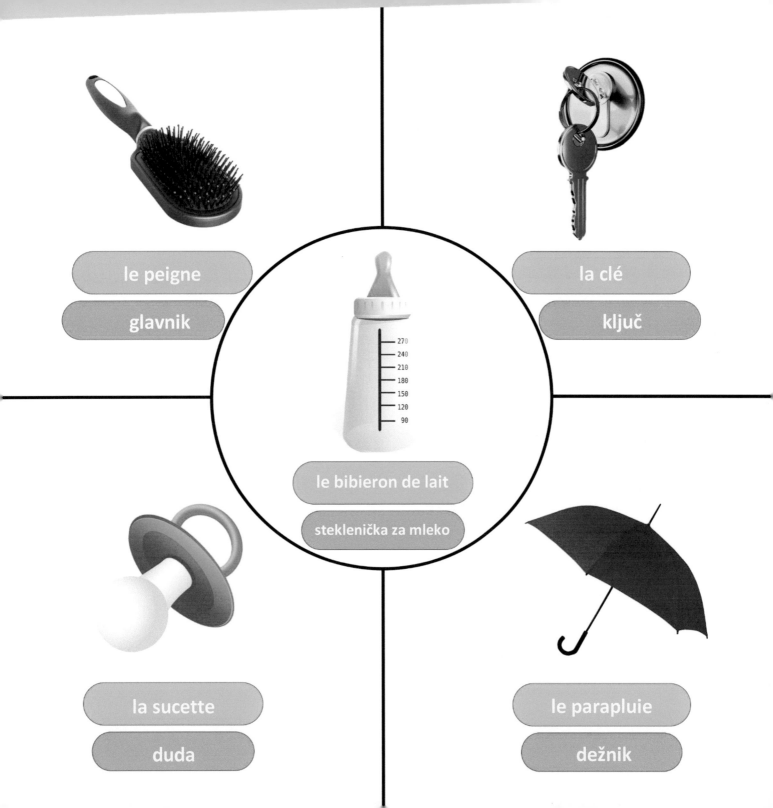

le peigne

glavnik

la clé

ključ

le bibieron de lait

steklenička za mleko

la sucette

duda

le parapluie

dežnik

le lit

postelja

la lampe de table

namizna svetilka

la chaise

stol

le berceau

zibelka

le tapis

preproga

l'armoire (f.)

omara

le ventilateur

ventilator

le rideau

zavesa

la table

miza

le canapé

kavč

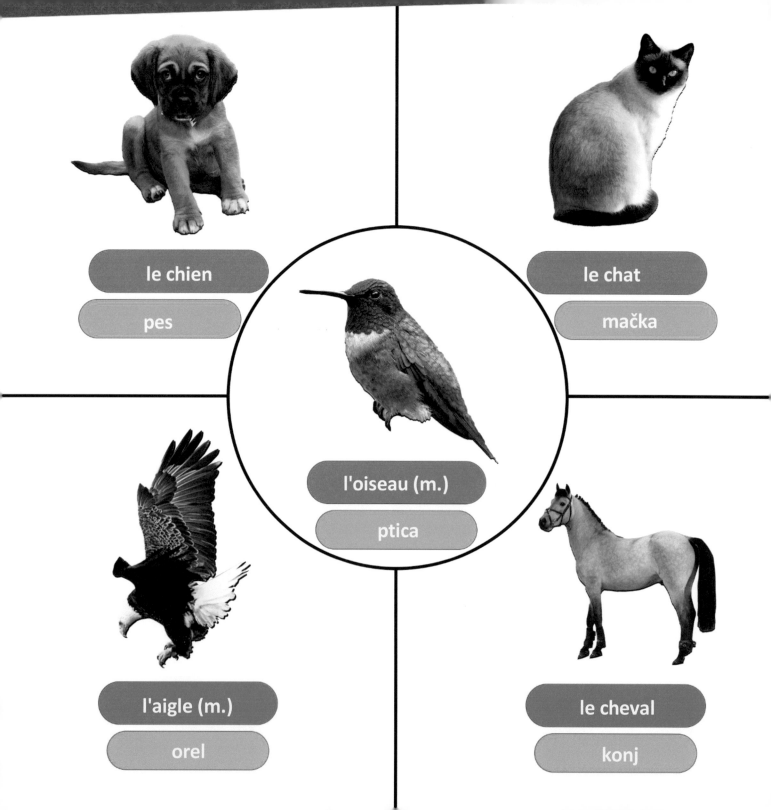

le chien

pes

le chat

mačka

l'oiseau (m.)

ptica

l'aigle (m.)

orel

le cheval

konj

la vache

krava

la chèvre

koza

le poulet

piščanec

le mouton

ovca

la grenouille

žaba

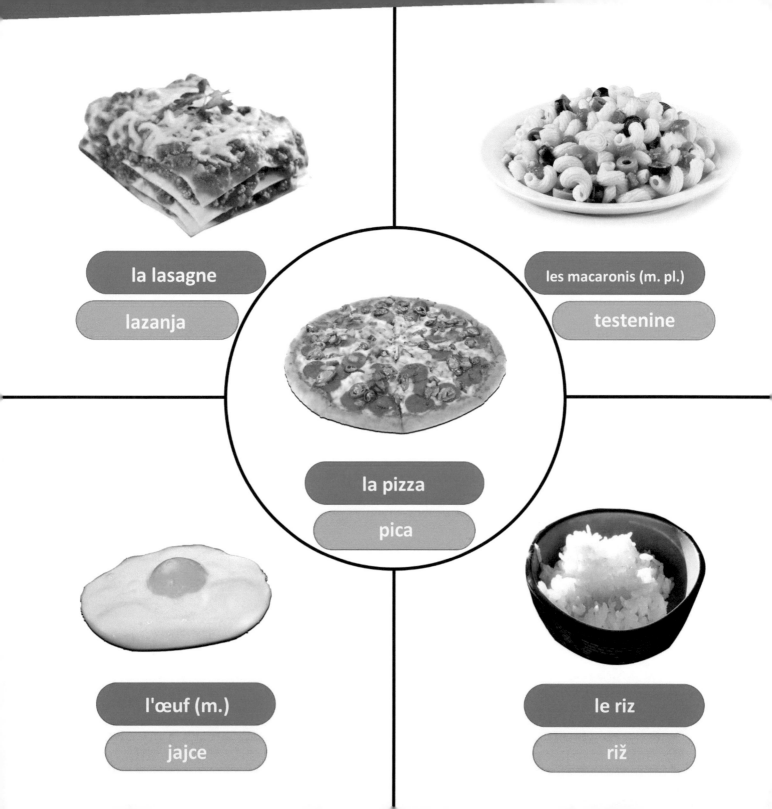

la lasagne

lazanja

les macaronis (m. pl.)

testenine

la pizza

pica

l'œuf (m.)

jajce

le riz

riž

la salade

solata

le sandwich

sendvič

les spaghettis (m. pl.)

špageti

la soupe

juha

le gâteau

torta

la voiture

avto

le bus

avtobus

le camion

tovornjak

la motocyclette

motorno kolo

le train

vlak

le bateau

čoln

l'avion (m.)

letalo

l'hélicoptère (m.)

helikopter

la bicyclette

kolo

le taxi

taksi

le médecin

zdravnik

le pompier

gasilec

l'enseignante (m. f.)

učiteljica

le pilote

pilot

le cuisinier

kuhar

le policier

policist

le dentiste

zobozdravnik

le coiffeur

frizer

le photographe

fotograf

l'astronaute (m. f.)

astronavt

la chaussette
nogavica

la chaussure
čevelj

le pantalon
hlače

les vêtements d'hiver
zimska oblačila

les lunettes de soleil
sončna očala

la montre

ročna ura

la cravate

kravata

le pullover

pulover

le chapeau

klobuk

la sandale

sandali

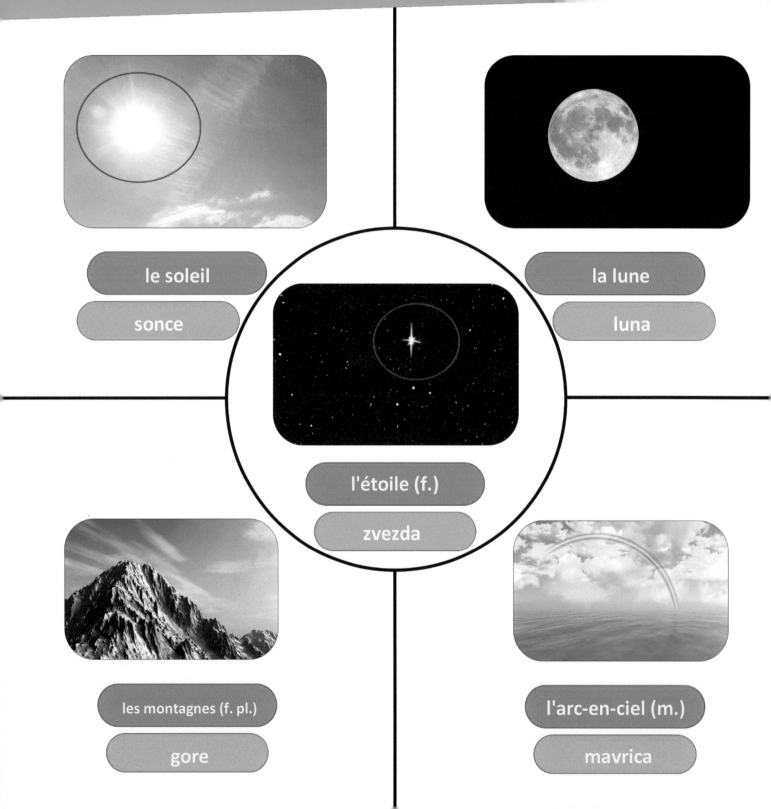

le soleil

sonce

la lune

luna

l'étoile (f.)

zvezda

les montagnes (f. pl.)

gore

l'arc-en-ciel (m.)

mavrica

la fleur

roža

l'océan (m.)

ocean

l'herbe (f.)

trava

le lac

jezero

l'arbre (m.)

drevo

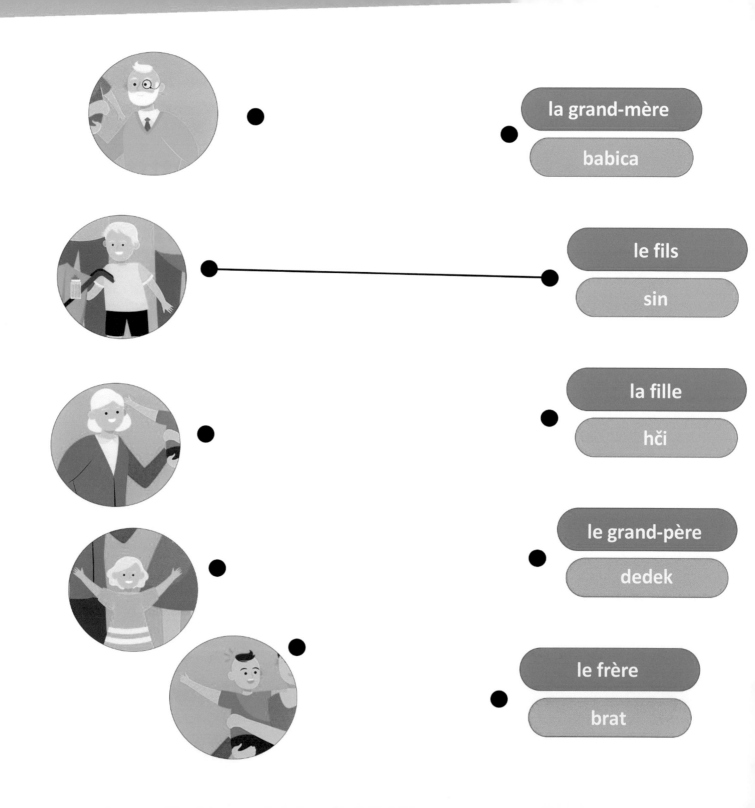

la grand-mère

babica

le fils

sin

la fille

hči

le grand-père

dedek

le frère

brat

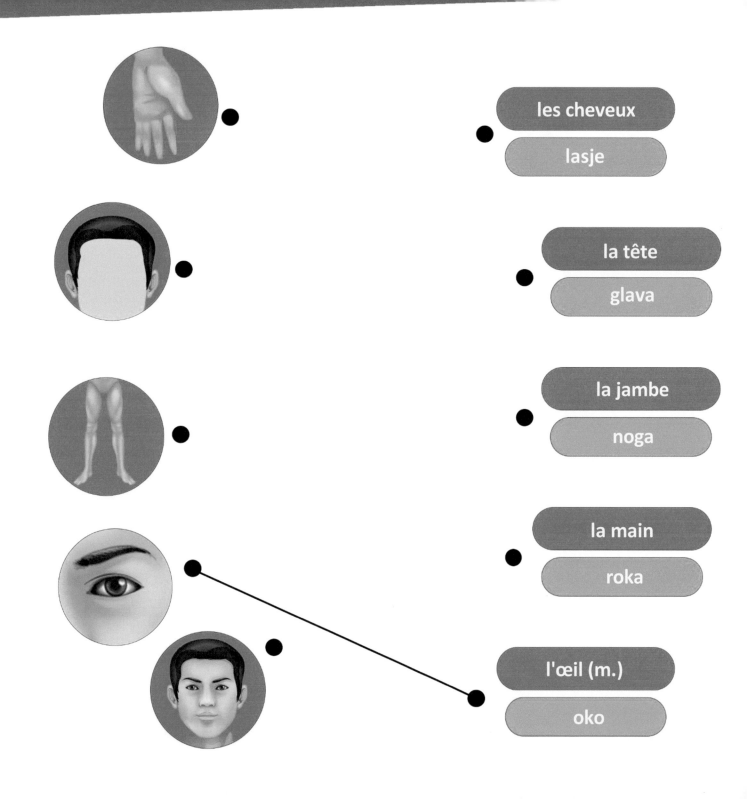

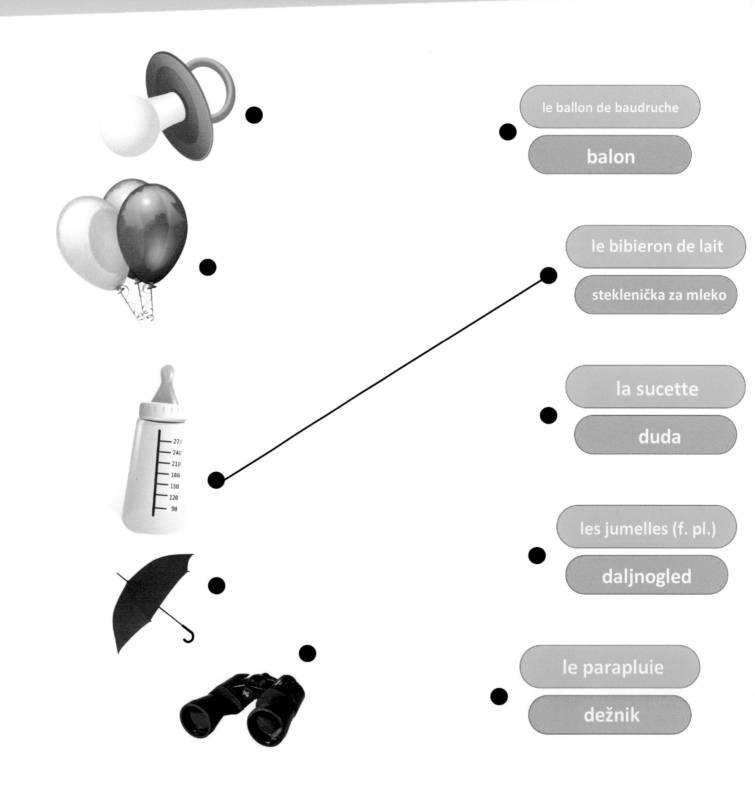

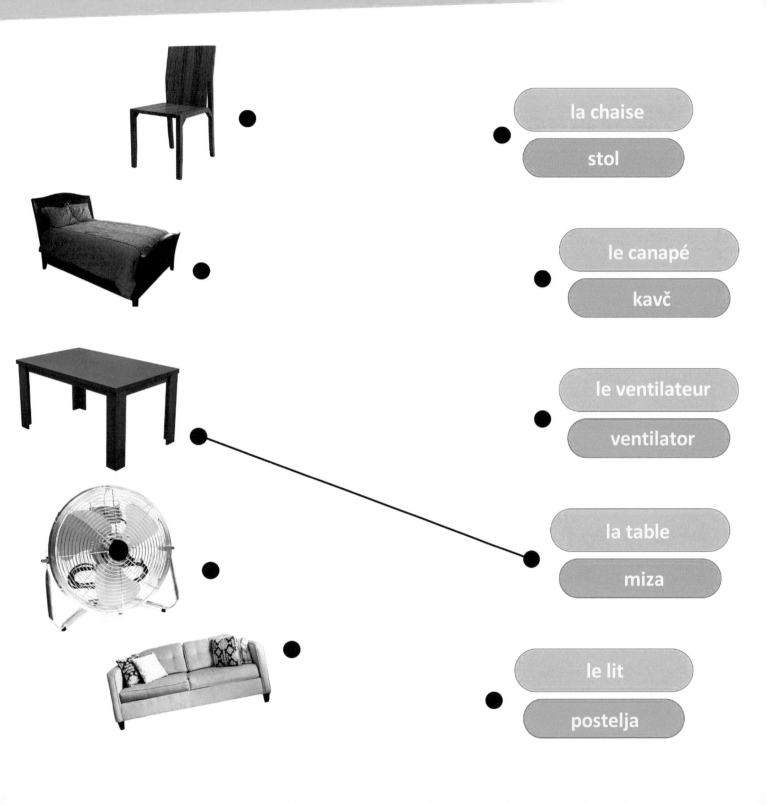

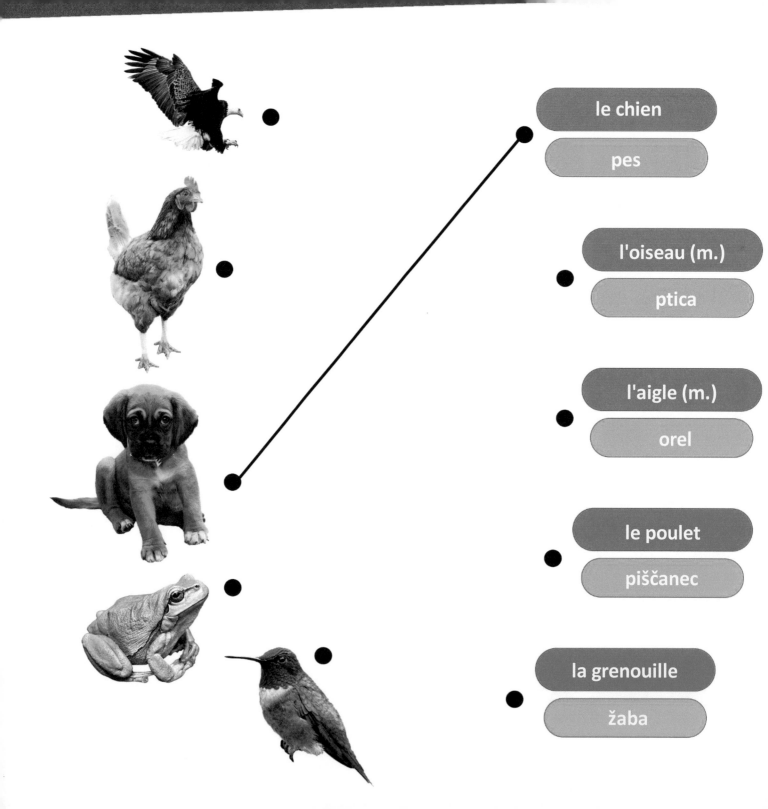

le chien

pes

l'oiseau (m.)

ptica

l'aigle (m.)

orel

le poulet

piščanec

la grenouille

žaba

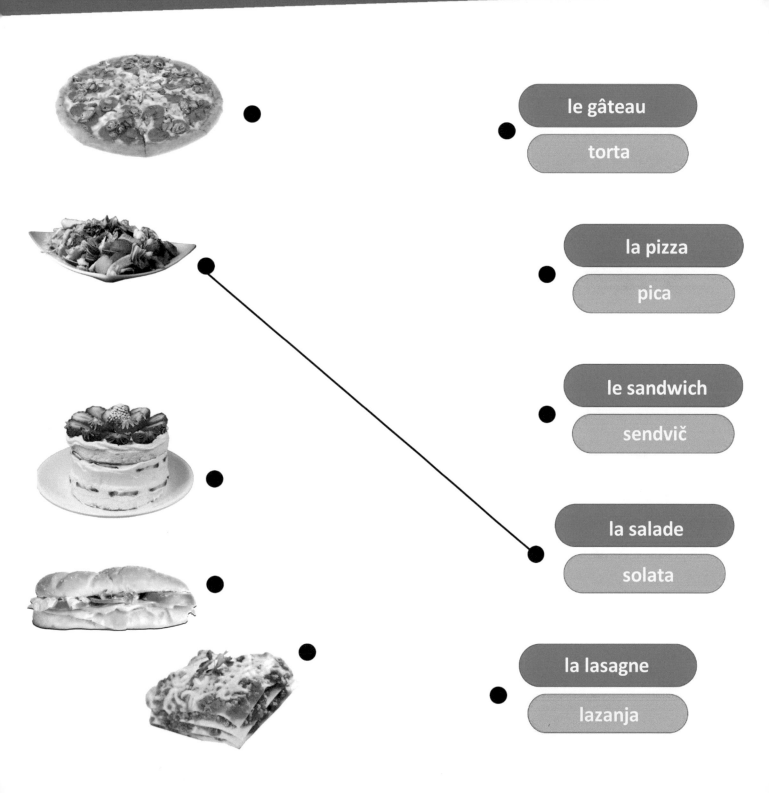

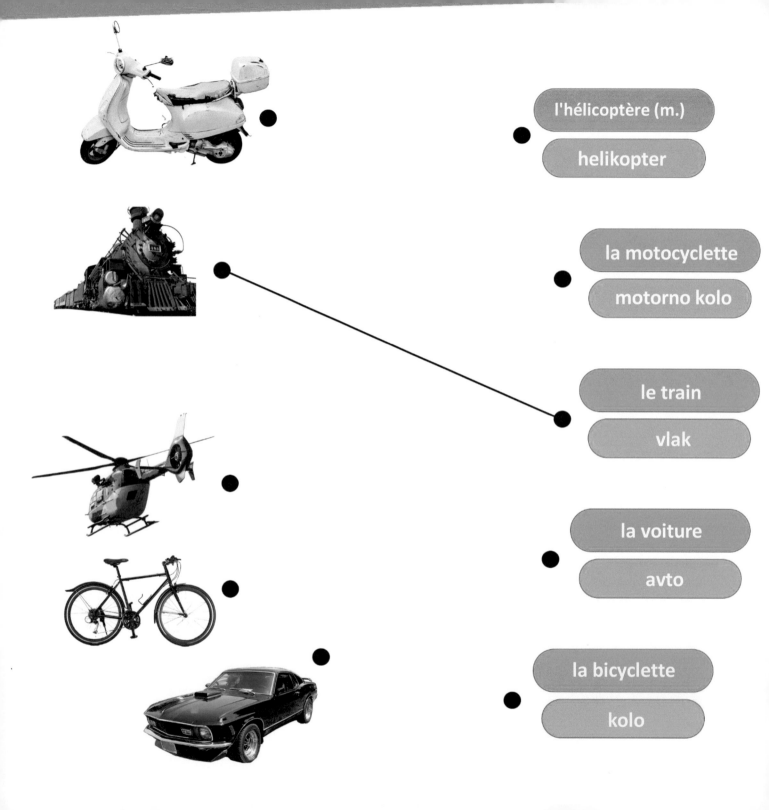

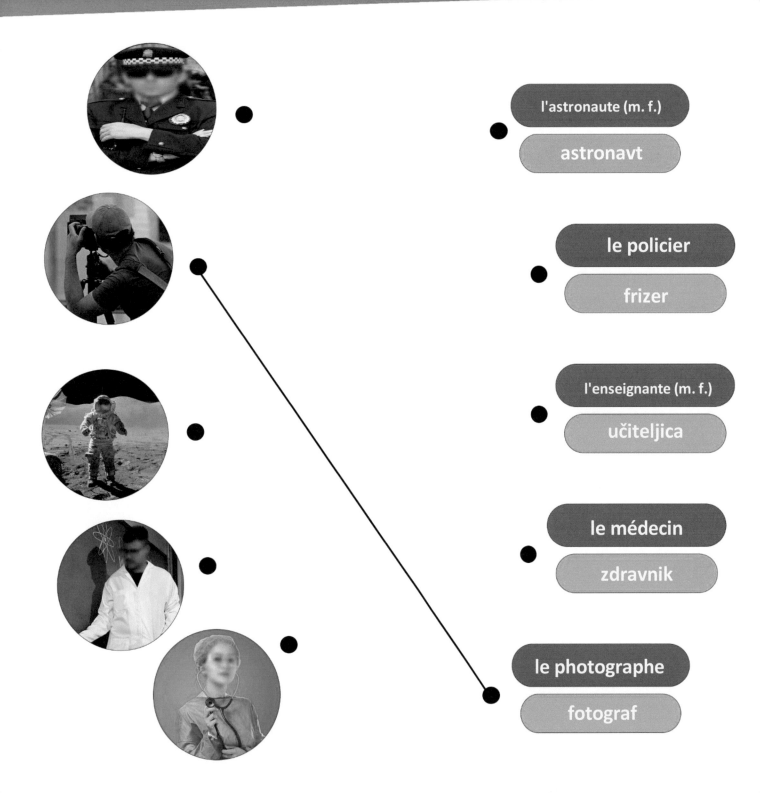

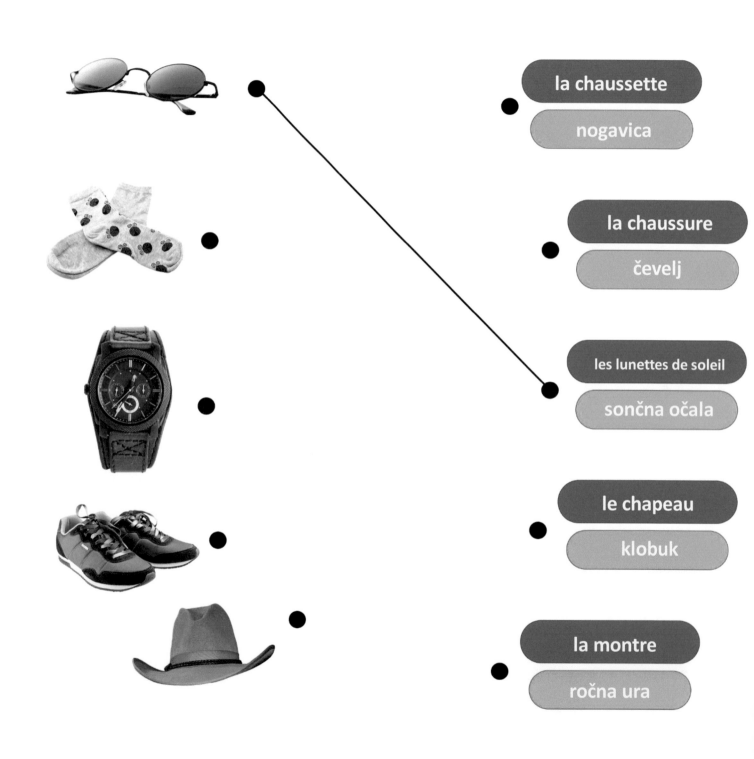

la chaussette

nogavica

la chaussure

čevelj

les lunettes de soleil

sončna očala

le chapeau

klobuk

la montre

ročna ura

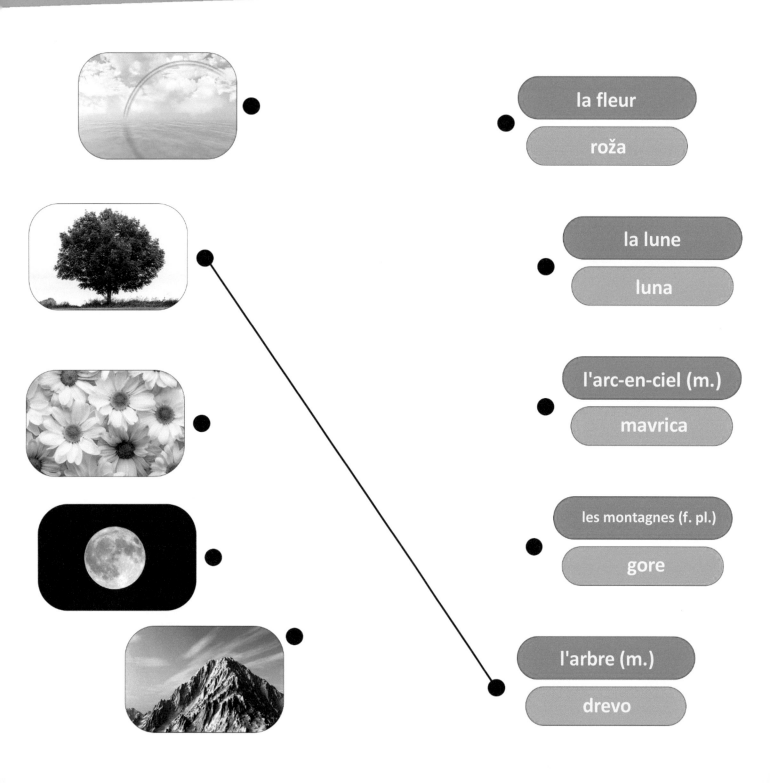

Printed in France by Amazon
Brétigny-sur-Orge, FR